RÉGLEMENT
POUR LES ENFANTS
QUI FRÉQUENTENT
LES ÉCOLES CHRÉTIENNES.

MONTBÉLIARD,
DE L'IMPRIMERIE DE Bod.-Henri Deckherr.

ALPHABET.

A b c d e f g h i j k l m
n o p q r s t u v x y z æ
œ ff ffi fi ffi fl ffl.

LES CAPITALES.

A B C D E F G H I J
K L M N O P Q R S
T U V X Y Z Æ OE.

Lettres liées ensemble.

ff fl ffl fi ffi æ œ w.
ff fl ffl fi ffi æ œ w.

Syllabes de deux lettres.

Ba be bé bê bi bo bu.
Ca ce cé cê ci co cu.
Da de dé dê di do du.
Fa fe fé fê fi fo fu.
Ga ge gé gê gi go gu.
Ha he hé hê hi ho hu.
Ja je jé jê ji jo ju.
Ka ke ké kê ki ko ku.
La le lé lê li ló lu.
Ma me mé mê mi mo mu.
Na ne né nê ni no nu.
Pa pe pé pê pi po pu.
Ra re ré rê ri ro ru.

(4)

Sa se sé sê si so su.
Ta te té tê ti to tu.
Va ve vé vê vi vo vu.
Xa xe xé xê xi xo xu.
Za ze zé zê zi zo zu.

―――――――――――

Syllabes de trois lettres.

Bla ble blé blê bli blo blu.
Bra bre bré brê bri bro bru.
Cha che ché chê chi cho chu.
Cla cle clé clê cli clo clu.
Cra cre cré crê cri cro cru.
Dra dre dré drê dri dro dru.
Fla fle flé flê fli flo flu.
Fra fre fré frê fri fro fru.

Gla gle glé glê gli glo glu.
Gna gne gné gnê gni gno gnu.
Gra gre gré grê gri gro gru.
Gua gue gué guê gui guo guu.
Pha phe phé phê phi pho phu.
Pla ple plé plê pli plo plu.
Pra pre pré prê pri pro pru.
Que que qué quê qui quo quu.
Spa spe spé spê spi spo spu.
Sta ste sté stê sti sto stu.
Tla tle tlé tlê tli tlo tlu.
Tra tre tré trê tri tro tru.
Vla vle vlé vlê vli vlo vlu.
Vra vre vré vrê vri vro vru.

PREMIÈREMENT.

RE-tour-nez de l'é-co-le à la mai-son sans vous arrê-ter par les rues, mo-des-te-ment; c'est-à-dire, sans cri-er ni of-fen-ser per-son-ne. Au con-trai-re, si l'on vous in-ju-rie et of-fen-se, en-du-rez-le pour l'a-mour de no-tre Sei-gneur, et di-tes en vous-mê-mes : Dieu vous don-ne la grâ-ce de vous re-pen-tir de vo-tre fau-te, et vous par-don-ne com-me je vous par-don-ne.

2. Gar-dez-vous bien de ju-rer et de blas-phé-mer, ni de di-re des pa-ro-les sa-les, ni de fai-re au-cu-ne ac-tion dés-hon-nê-te.

3. Quand vous pas-sez de-vant quel-que croix, ou quel-que I-ma-ge de no-tre Sei-gneur, de no-tre Da-

me ou des Saints, fai-tes u-
ne in-cli-na-tion.

4. Quand vous ren-con-
trez quel-que per-son-ne de
vo-tre con-nais-san-ce, sa-
lu ez-la le pre-mier; par-ce
que c'est u-ne ac-ti-on d'hon-
nê-te-té.

5. Sa-lu-ez les per-son-nes
que vous ren-con-tre-rez,
se-lon la cou-tu-me du lieu
et se-lon l'in-struc-ti-on
qu'on vous au-ra don-née.

6. Quand vous en-tre-rez

chez vous ou en quel-qu'au-tre mai-son, fai-tes u-ne in-cli-na-tion, sa-lu-ant ceux que vous y trou-ve-rez.

7. Quand vous com-men-ce-rez quel-que ou-vra-ge ou quel-que bon-ne ac-ti-on, fai-tes dé-vo-te-ment le si-gne de la croix, avec in-ten-ti-on de fai-re, au nom de Dieu et pour sa gloi-re, ce que vous al-lez fai-re.

8. Quand vous par-lez a-vec des per-son-nes res-pec-ta-

bles, ré-pon-dez hon-nê-te-ment, a-vec po-li-tes-se: oui, Mon-si-eur, ou Ma-da-me: non, Mon-si-eur, etc. se-lon ce dont on vous in-ter-ro-ge-ra.

9. Si ceux qui ont pou-voir sur vous, vous com-man-dent quel-que cho-se qui soit hon-nê-te, et que vous puis-siez fai-re, o-bé-is-sez leur vo-lon-tiers et promp-te-ment.

10. Quand vous vou-drez

pren-dre vo-tre re-pas, di-
tes le BE-NE-DI-CI-TE, ou au-
tre Bé-né-dic-ti-on, a-vec
pi-é-té et mo-des-tie, et à
la fin de cha-que re-pas di-
tes dé-vo-te-ment les grâ-ces.

11. Tou-tes les fois que
vous nom-me-rez, ou en-
ten-drez nom-mer Jé-sus
ou Ma-rie, vous fe-rez u-ne
pe-ti-te in-cli-na-tion.

12. Gar-dez-vous bien à
ta-ble ou ail-leurs, de de-
man-der, de pren-dre et de

sous-trai-re en ca-chet-te, ou au-tre-ment, ce qu'on au-ra don-né à man-ger aux au-tres, et mê-me vous ne le de-vez pas re-gar-der a-vec en-vie.

13. Quand on vous don-ne-ra quel-que cho-se, re-mer-ci-ez hon-nê-te-ment ce-lui ou cel-le qui vous l'au-ra don-née.

14. Ne vous as-se-yez point à ta-ble, si l'on ne vous le com-man-de.

15. Man-gez et bu-vez dou-ce-ment et hon-nê-te-ment, sans a-vi-di-té et sans ex-cès.

16. Ne sor-tez point de la mai-son sans de-man-der et sans ob-te-nir con-gé.

17. N'al-lez point a-vec les en-fans vi-ci-eux et mé-chans, car ils vous peu-vent nui-re pour le corps et pour l'â-me.

18. Quand vous a-vez em-prun-té quel-que cho-se,

ren-dez-la de bon-ne heu-re, et n'at-ten-dez pas qu'on vous la de-man-de.

19. Lors-que vous au-rez à par-ler à quel-que per-son-ne res-pec-ta-ble qui se-ra oc-cu-pé-e, pré-sen-tez-vous mo-des-te-ment, at-ten-dant qu'el-le ait loi-sir de vous par-ler, et qu'el-le vous par-le la pre-miè-re.

20. Si quel-qu'un vous re-prend, ou vous don-ne quel-que a-ver-tis-se-ment, re-

mer-ci-ez-le po-li-ment.

21. Ne tu-to-yez per-son-ne, non pas mê-me les ser-vi-teurs et ser-van-tes, ni les pau-vres non plus.

22. Si quel-qu'un de ceux de la mai-son, ou au-tre, dit ou fait quel-que cho-se de dés-hon-nê-te, ou in-di-gne d'un chré-tien en vo-tre pré-sen-ce, re-pre-nez-le a-vec dou-ceur.

23. Quand les pau-vres de-man-dent à vo-tre por-te,

pri-ez vo-tre pè-re ou vo[tre]
tre mè-re, ou ceux che[z]
qui vous de-meu-rez, [de]
leur fai-re l'au-mô-ne pou[r]
l'a-mour de Dieu.

24. Le soir a-vant que [de]
vous al-ler cou-cher, a-pr[ès]
a-voir sou-hai-té le bon[soir]
soir à vos père et mère, [et]
au-tres, met-tez-vous à g[e-]
noux au-près de vo-tre li[t]
ou de-vant quel-que i-m[a-]
ge, et di-tes les pri-è-r[es]
mar-quées dans les de-voi[rs]

des fa-mil-les chré-tie[n]
A-près, pre-nez de l'e[au]
ni-te, et fai-tes le si-g[ne]
la Croix.

25. Le ma-tin en [se le]vant, fai-tes le si-gne [de la] Croix, et é-tant ha-b[illés,] met-tez-vous à ge-nou[x, et] di-tes les pri-è-res [indi]quées en la pa-ge sus[dite.] A-près, al-lez don-[ner le] bon jour à vos pè-re[s, mè]re, et au-tres per-so[nnes] de la mai-son.

26. Tous les jours, si vous le pou-vez, en-ten-dez la sain-te mes-se dé-vo-te-ment, et à ge-noux, et le-vez-vous quand le prê-tre dit l'E-van-gi-le.

27. Quand vous en-ten-drez son-ner l'An-ge-lus, ré-ci-tez dé-vo-te-ment cet-te pri-è-re.

28. So-yez tou-jours prêt d'al-ler vo-lon-tiers à l'é-co-le, et ap-pre-nez soi-gneu-se-ment les cho-ses que vos

maî-tres et maî-tres-ses vous en-sei-gnent ; so-yez-leur bien o-bé-is-sans et res-pec-tu-eux.

29. Gar-dez-vous bien de men-tir en quel-que ma-niè-re que ce soit: car les men-teurs sont les en-fans du dé-mon, qui est le pè-re du men-son-ge.

30. Gar-dez-vous sur-tout de dé-ro-ber au-cu-ne cho-se, ni chez vous, ni ail-leurs; par-ce que c'est of-fen-ser

Dieu, c'est se ren-dre o-di-eux à cha-cun, et pren-dre le che-min d'u-ne mort in-fâme.

31. Pré-sen-tez-vous vo-lon-tiers et sou-vent à la con-fes-sion et à la com-mu-ni-on, y é-tant bien pré-pa-ré, a-fin que vous de-ve-niez à tou-te heu-re plus dé-vot et plus sa-ge, fu-yant le pé-ché et ac-qué-rant les ver-tus.

32. En-fin tous vos prin-

ci-paux soins et dé-sirs, tandis que vous vi-vez en ce mon-de, doi-vent vi-ser à vous ren-dre a-gré-a-ble à Dieu, et à ne point l'of-fen-ser, a-fin qu'a-près cet-te vie mor-tel-le vous puis-siez é-vi-ter l'en-fer et pos-sé-der la gloire du Pa-ra-dis. Ain-si soit-il.

━━━━━━━━━━━━━━━━━━━━━━━━

Les Bé-né-dic-ti-ons que Dieu don-ne aux En-fans qui sont pi-eux et res-pec-tu-eux en-vers leurs pè-re et mè-re.

Ho-no-re ton pè-re et ta

mè-re, a-fin que tu vi-ves long-temps sur la ter-re. Cet-te pre-mi-è-re bé-né-dic-ti-on don-ne l'es-pé-ran-ce d'u-ne lon-gue et heu-reu-se vie.

Ce-lui qui ho-no-re son pè-re et sa mè-re se-ra jo-yeux et con-tent en ses en-fans, et se-ra é-xau-cé au temps de son o-rais-on.

Cet-te bé-né-dic-tion pro-met l'al-lé-gresse et le con-ten-te-ment que l'on re-çoit des en-fans. Nous en a-vons un ex-em-ple en Jo-seph fils de Ja-cob, qui, pour a-voir é-té o-bé-is-sant à son père, et pour l'hon-neur qu'il lui a-vait ren-du, re-çut des joies et des con-ten-te-mens très-grands de ses pro-pres en-fans, les-quels fu-rent aus-si bé-nis de Ja-cob leur grand-père, en la pré-sen-ce de Jo-seph leur pè-re.

Ce-lui qui ho-no-re son

pè-re et sa mè-re, s'a-mas-se un tré-sor au ciel et en la ter-re.

Cet-te bé-né-dic-tion re-gar-de les biens spi-ri-tu-els et tem-po-rels que Dieu don-ne aux bons en-fans. De quoi Sa-lo-mon nous ser-vi-ra d'ex-em-ple le-quel por-ta tou-jours beau-coup d'hon-neur à son pè-re et à sa mè-re: c'est pour-quoi il vé-cut très-heu-reux et très-riche, sur un trô-ne flo-ris-sant; com-me Ab-sa-lon son frè-re, pour a-voir dé-so-bé-i et mal-trai-té son pè-re, fut per-cé de trois dards, et tu-é par Jo-ab, gé-né-ral de l'ar-mée de Da-vid.

Ce-lui qui ho-no-re son pè-re et sa mè-re, se-ra rem-pli de grâ-ces cé-les-tes jus-qu'à la fin. Cet-te bé-né-dic-ti-on con-cer-ne les biens spi-ri-tu-els, de la-quel-le nous avons un mer-veil-leux e-xem-ple en Ja-cob, fils d'I-sa-ac qui a-yant é-té bé-ni de son pè-re, fut élu de Dieu et très-a-gré-a-ble à sa di-vi-ne ma-jes-té, et rem-pli de tou-tes sor-tes de grâ-ces. Au con-trai-re, son frè-re E-sa-ü fut mal-heu-reux et ré-prou-vé. Ho-no-re ton pè-re, a-fin que la bé-né-dic-ti-on du ciel des-cen-de sur toi et que tu sois bé-ni. Dieu don-ne par-ti-cu-li-è-re-ment cet-te bé-né-dic-ti-on aux en-fans o-bé-is-sans. Mais qu'est-ce au-tre cho-se, ê-tre bé-ni de Dieu, si-non re-ce-voir de lui sa sain-te grâ-ce, par le mo-yen de la-quel-le nous lui a-gré-ons com-me ses en-fans.

﹏﹏﹏﹏﹏﹏﹏﹏﹏﹏﹏﹏

Les Ma-lé-dic-tions que Dieu ful-mi-ne sur les En-fans qui ne por-tent ni hon-neur ni o-bé-is-san-ce à leurs pè-re et mè-re.

Que ce-lui qui mau-di-ra son pè-re ou sa mè-re meu-re de mau-vai-se mort, et que son sang soit sur lui :

cet-te ma-lé-dic-ti-on est con-fir-mée par la bou-che de Dieu.

Au-quel lieu Dieu com-man-de que si quel-que pè-re est si mal-heu-reux que d'en-gen-drer un fils dé-so-bé-is-sant, re-bel-le et per-vers, que tout le peu-ple de la vil-le mas-sa-cre à coups de pier-res ce mé-chant en-fant, et le fas-se mou-rir. A ces pa-ro-les, mau-dit soit ce-lui qui n'ho-no-re pas son pè-re et sa mè-re, le peu-ple ré-pon-dit. *Amen.*

Mon cher Enfant, vous connaissez vos lettres, vous savez épeler des syllabes et des mots, il faut maintenant apprendre à lire. Travaillez à cela avec courage, pour devenir un bon Chrétien, et pour savoir mettre ordre à vos affaires.

Faites usage de votre raison, et concevez que Dieu vous a créé pour le connaître, l'aimer et le servir, et, par ce moyen, arriver à la vie éternelle.

Il faut auparavant passer par cette vie mortelle, où vous voyez et verrez que l'on a bien de la peine.

On vous apprendra comment, depuis le péché originel, Dieu a condamné tous les hommes au travail.

Celui qui ne travaille point, et qui ne veut point travailler, ne sert pas Dieu, et ne l'aime pas : car une telle paresse est un péché.

L'homme est né pour travailler comme l'oiseau pour voler.

Celui qui ne veut point travailler, n'est pas digne de manger.

Vous ne savez, mon cher enfant, si votre vie sera longue ou courte.

Travaillez comme si vous deviez vivre long-temps.

Vivez comme si vous deviez mourir bientôt.

Vos parens vous ont donné la

naissance, ils ont pris bien de la peine pour vous pendant que vous ne pouviez ni marcher ni parler. Ils vous fournissent la nourriture, le vêtement et toutes choses.

Vos chers parens espèrent présentement que vous apprendrez ce qui vous est nécessaire pendant le cours de votre vie.

Saint Enfant Jésus, je vous adore et je vous donne mon cœur; faites-moi la grâce de croître comme vous en sagesse et en vertu à mesure que je croîtrai en âge.

Sainte Vierge, ma bonne Mère, je me mets sous votre puissante protection, donnez-moi, s'il vous plaît, votre bénédiction, afin que la volonté de votre divin Fils s'accomplissent en moi. Ainsi soit-il.

Mon saint Ange Gardien, je vous salue et vous révère de tout mon cœur; je vous remercie de vos charitables soins; je vous supplie de me les continuer aujourd'hui et tous les jours de ma vie.

Loué et adoré soit Jésus-Christ au Saint Sacrement de l'autel à jamais.

───────────

BENOIT XIII, en 1729, a accordé cent ans d'indulgences toutes les fois que l'on récitera dévotement cette prière à l'honneur de l'Immaculée Conception de la Vierge Marie.

Bénie soit la sainte et Immaculée Conception de la bienheureuse Vierge Marie. A JAMAIS.   FIN.

www.ingramcontent.com/pod-product-compliance
Lightning Source LLC
Chambersburg PA
CBHW060910050426
42453CB00010B/1641

ALPHABET
DES CONTES DES FÉES
LA BELLE AUX CHEVEUX D'OR.

ÉPINAL,

IMPRIMERIE-LITHOGRAPHIE DE PELLERIN ET Cie,

Fournisseurs brevetés de S. M. L'Impératrice.

A B C D E F
G H I J K L
M N O P Q R
S T U V X Y Z
1 2 3 4 5 6 7 8 9 0

Il y avait une fois une princesse qui était si belle et qui avait de si beaux cheveux blonds qu'on l'avait surnommée la Belle aux cheveux d'or. Un roi voisin qui en était venu amoureux, envoya un ambassadeur la demander en mariage, mais il fut éconduit.

Parmi les jeunes seigneurs de la cour de ce prince, il y en avait un si beau et si bien ait qu'on le nommait Avenant. Ce jeune homme dit un jour devant plusieurs seigneurs, que si le roi l'avait envoyé, il aurait sans nul doute ramené la princesse.

Des méchants ayant rapporté ces paroles au roi, celui-ci crut qu'Avenant se prisait plus que lui, et il ordonna qu'il fût enfermé dans la grosse tour pour y mourir de faim.

Un jour que le roi passait près de la tour, il entendit Avenant se plaindre en termes si touchants qu'il se repentit de l'avoir fait emprisonner. Il ordonna aussitôt de le mettre en liberté, le combla d'amitié, et le chargea d'aller demander en mariage la Belle aux cheveux d'or.

Avenant partit donc seul, et pendant qu'il réfléchissait au moyen qu'il emploierait, il aperçut une carpe qui se pâmait sur le bord d'un étang. Il s'empressa de la remettre à l'eau, et la carpe lui promit de le récompenser de sa bonne action.

Un peu plus loin il tua un aigle qui poursuivait un corbeau; le corbeau reconnaissant lui promit de lui être utile.

En continuant sa route il aperçut un hibou pris dans un filet; il le délivra aussitôt, et le hibou en le remerciant lui assura sa protection.

Arrivé au but de son voyage, il se présenta à la Belle aux cheveux d'or qui le reçut parfaitement ; mais elle lui dit qu'elle ne consentirait à épouser son maître, que si on lui rapportait sa bague qu'elle avait perdue dans un étang.

Avenant désolé se promenait près de l'étang et réfléchissait sur le bord de l'eau, lorsqu'il s'entendit appeler; ayant regardé aussitôt, il aperçut la carpe qu'il avait sauvée qui lui apportait la bague.

Plein de joie il la porta à la princesse qui après l'avoir remercié dit qu'elle n'épouserait le roi que quand il l'aurait délivrée du géant Galifron qui dévorait ses sujets. Avenant partit pour combattre le géant et parvint à le tuer avec l'aide du corbeau qui lui creva les yeux.

Enfin pour dernière épreuve, la princesse exigea qu'il lui apportât une fiole d'eau de beauté renfermée dans une caverne défendue par un dragon. Avenant partit bien triste car il croyait n'en pas revenir ; mais pendant qu'il luttait contre le dragon, le hibou qu'il avait sauvé s'introduisit dans la caverne et en apporta la fiole d'eau de beauté.

Enfin la princesse n'ayant plus rien à désirer consentit à épouser le roi, et elle se mit en route accompagnée d'Avenant.

Lorsque la Belle aux cheveux d'or fut arrivée chez le roi, ce prince était au comble de la joie; mais des envieux ayant fait de méchants rapports contre Avenant, le roi entra dans une grande colère et le fit mettre en prison malgré les prières de la princesse.

Cependant le roi qui n'était plus jeune voulut un jour se laver avec l'eau de beauté pour se rajeunir; mais il se trompa de fiole, et s'étant frotté le visage avec de l'eau empoisonnée que contenait une autre fiole, il mourut aussitôt dans de cruelles souffrances.

Après la mort du roi, la Belle aux cheveux d'or fit délivrer Avenant et lui accorda sa main. Leur mariage eut lieu au milieu de grandes réjouissances, et ils firent tous deux le bonheur de leurs sujets.

ba	be	bi	bo	bu	Pa	pe	pi	po	pu
Ca	ce	ci	co	cu	Qua	que	qui	quo	quu
Da	de	di	do	du	Ra	re	ri	ro	ru
Fa	fe	fi	fo	fu	Sa	se	si	so	su
Ga	ge	gi	go	gu	Ta	te	ti	to	tu
La	le	li	lo	lu	Va	ve	vi	vo	vu
Ma	me	mi	mo	mu	Xa	xe	xi	xo	xu
Na	ne	ni	no	nu	Za	ze	zi	zo	zu

www.ingramcontent.com/pod-product-compliance
Lightning Source LLC
Chambersburg PA
CBHW061012050426
42453CB00009B/1391